I 101 RECORD PIÙ INCREDIBILI E DIVERTENTI DEL CALCIO

Un viaggio nel mondo del pallone, svelando i momenti, le curiosità e i record più stupefacenti. Un libro per ragazzi curiosi dai 7 ai 12 anni

INTRODUZIONE

Ciao campioni in erba!

Benvenuti nel fantastico mondo del calcio, dove ogni goal racconta una storia e ogni partita è un'avventura. In "Goal e Record", vi porteremo tra i record più incredibili del pallone: dal goal più veloce mai segnato alla squadra indimenticabile che ha fatto storia.

Mentre scoprirete chi ha segnato di più, chi ha difeso come un leone e chi ha festeggiato più trionfi, speriamo che queste storie vi ispirino a sognare in grande. Perché il calcio non è solo un gioco, è passione, determinazione e magia.

E ricordate, ogni campione è iniziato come voi: un bambino con un sogno e un pallone tra i piedi. Quindi, chi lo sa? Magari un giorno, anche voi farete parte di questo libro di record!

Pronti per l'avventura? Allacciate le scarpe e prepariamoci a giocare!

1. MENO TEMPO IN CAMPO

Ti sei mai chiesto quanto tempo ci vuole per essere espulsi in una partita di calcio? Ebbene, Lee Todd ha stabilito un record inaspettato in questo senso. Nel 2000, Todd ha trascorso solo due secondi in campo durante una partita ufficiale.

Tutto è iniziato con il fischio d'inizio. Sorpreso dal suono acuto, Todd esclamò: "Cavolo, era forte!" Sfortunatamente per lui, l'arbitro non apprezzò il commento e lo espulse immediatamente.

Quindi, la prossima volta che pensi a momenti brevi ma indimenticabili nello sport, ricorda Lee Todd e i suoi due secondi epici in campo!

2.IL MAGGIOR NUMERO DI AUTOGOL IN UNA PARTITA

Ti sei mai chiesto qual è il numero più alto di autogol segnati in una singola partita di calcio? Nel 2002, il mondo del calcio ha assistito a un evento senza precedenti nel match tra il SOE Antananarivo e l'AS Adema, due squadre del Madagascar.

Il SOE Antananarivo, in protesta per una decisione arbitrale controversa avvenuta nella partita precedente, decise di segnare... 149 autogol!

Quindi, quando pensi a partite di calcio incredibili e a record impensabili, ricorda questa storica e controversa partita tra SOE e AS Adema!

3.IL GOL PIÙ VELOCE

Ti sei mai chiesto quanto tempo ci vuole per segnare un gol in una partita di calcio? Alcuni potrebbero dire che ci vuole pazienza e una buona opportunità, ma Ricardo Olivera ha avuto un'idea diversa. Nel 1998, questo giocatore ha stabilito un record sorprendente, segnando un gol dopo appena 2.8 secondi dall'inizio del match!

La prossima volta che guardi una partita e speri in un gol rapido, pensa a Ricardo Olivera e al suo straordinario record!

4.   MAGGIOR NUMERO DI CARTELLINI ROSSI

Hai mai visto un'espulsione in una partita di calcio? Di solito, è un evento piuttosto raro, ma immagina una partita in cui l'arbitro estrae il cartellino rosso non una, non due, ma 20 volte! Nel 1993, una partita tra il Club Sportivo Alportel e il Club Atletico Temperley in Paraguay ha stabilito proprio questo sorprendente record.

In quella partita, l'arbitro espulse 10 giocatori per squadra. Potresti chiederti come sia possibile che una partita prosegua con così tanti giocatori espulsi, ma quel giorno ha segnato la storia del calcio.

5.MAGGIOR NUMERO DI GOL IN UNA PARTITA

Hai mai segnato un gol giocando a calcio con gli amici? È una sensazione fantastica, vero? Ora immagina di segnare non uno, non due, ma 13 gol in una sola partita professionistica! Ebbene, Archie Thompson ha fatto proprio questo.

Nel 2001, durante una partita tra l'Australia e Samoa Americane, Thompson ha stabilito un record incredibile segnando 13 gol in una sola partita per la sua squadra.

La prossima volta che senti parlare di un cappotto nel calcio, pensa a Thompson e alla sua straordinaria prestazione.

GOAL

6.PARTITA PIÙ LUNGA: 111 ORE IN GERMANIA!

Hai mai pensato che 90 minuti di calcio potessero sembrare un'eternità? Bene, prova a immaginare una partita che dura 111 ore! Questo incredibile record è stato stabilito il 31 Maggio 2016 a Sternschanze, un quartiere di Amburgo, Germania, tra le squadre dilettantistiche FC Hamburger Berg e Vfl Wallhalben.

Questi giocatori non solo hanno mostrato una resistenza fisica straordinaria, ma anche una determinazione mentale senza precedenti.

Quindi, la prossima volta che pensi che una partita di calcio stia durando troppo, pensa a questi coraggiosi giocatori tedeschi e alla loro epica sfida.

7.MAGGIOR NUMERO DI GOL SEGNATI DA UN PORTIERE

Quando pensiamo ai portieri nel calcio, di solito li immaginiamo come ultima difesa della squadra, bloccando e parando i tiri, non come marcatori. Ma Rogério Ceni non è un portiere qualsiasi. Durante la sua carriera, ha segnato un incredibile totale di 131 gol, principalmente da calci di punizione e rigori.

Questo rende Ceni non solo uno dei portieri più talentuosi difensivamente, ma anche un vero e proprio pericolo quando si tratta di segnare.

Quindi, la prossima volta che vedi un portiere avvicinarsi all'area avversaria per un calcio di punizione o un rigore, non sottovalutare la sua capacità di trovare la rete.

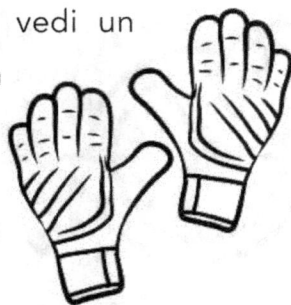

8.PORTIERE PIÙ ANZIANO IN COPPA DEL MONDO

Molti atleti raggiungono il picco della loro carriera in giovane età, ma Essam El-Hadary ha sfidato ogni aspettativa. A 45 anni e 10 giorni, è diventato il portiere più anziano ad aver mai giocato in una partita di Coppa del Mondo durante l'edizione del 2018 della FIFA.

La sua prestazione ha dimostrato che l'età è solo un numero, e con la giusta dedizione, passione e impegno, si possono sfidare le probabilità e continuare a giocare ad alti livelli.

Quindi, la prossima volta che pensi di essere "troppo vecchio" per fare qualcosa, pensa a Essam El-Hadary e al suo incredibile traguardo nella Coppa del Mondo.

9.MAGGIOR NUMERO DI SQUADRE IN CARRIERA

Se c'è un calciatore che conosce il significato della parola "viaggio", è Jefferson Louis. Questo attaccante inglese ha vissuto una carriera da vero trottolino del calcio, avendo indossato la maglia di oltre 40 club diversi.

Ogni cambio di maglia rappresentava una nuova sfida e un'opportunità per Louis. Si è adattato a nuovi stili di gioco, nuovi allenatori e nuovi compagni di squadra quasi ogni stagione.

La prossima volta che pensi a un vero "viaggiatore" del calcio, ricorda Jefferson Louis e la sua incredibile odissea attraverso le leghe inglesi.

10. IL PIÙ IMBATTIBILE

Hai mai provato a segnare un gol contro un portiere davvero formidabile? Abel Resino, ex portiere dell'Atlético Madrid, è stato praticamente una muraglia invincibile per 1.275 minuti durante la stagione 1990-91.

Questa incredibile serie di partite senza subire gol non rappresenta solo la bravura di un portiere, ma anche la sinergia e l'impegno di tutta la squadra.

Quindi, la prossima volta che pensi a un portiere invincibile e a una difesa inespugnabile, ricorda la straordinaria impresa di Abel Resino con l'Atlético Madrid!

11. IL PIÙ LETALE

Ti sei mai chiesto chi detiene il record dei gol in una stagione di calcio? È Lionel Messi! Nella stagione 2011-12, questo fenomeno argentino ha segnato 73 gol con il FC Barcelona in tutte le competizioni. Questa straordinaria prestazione non solo sottolinea il suo incredibile talento, ma anche la sua determinazione e la sua passione per il gioco. Quando pensi a un goleador, Messi è l'uomo che dovresti avere in mente!

Quindi, la prossima volta che vedi una partita di calcio e qualcuno segna un gol, pensa a quanto sia straordinario quello che Messi ha fatto nella stagione 2011-12.

12. IL PIÙ ESPULSO

Hai mai visto un cartellino rosso in una partita di calcio? È una punizione data ai giocatori per comportamenti scorretti. Gerardo Bedoya è diventato famoso per questo, essendo stato espulso 46 volte durante la sua carriera!

Bedoya, non solo era un giocatore di talento, ma aveva anche un temperamento piuttosto acceso. Le sue espulsioni spesso derivavano da falli duri o comportamenti antigioco.

Quindi, la prossima volta che vedi un giocatore ricevere un cartellino rosso, pensa a Gerardo Bedoya e al suo straordinario record di espulsioni!

13. IL GOL PIÙ LONTANO

Hai mai pensato di segnare un gol dalla tua metà campo? Sembra impossibile, vero? Ma Asmir Begović, portiere dello Stoke City, ha fatto proprio questo nel 2013! Ha segnato un gol dalla straordinaria distanza di 96,01 metri nella partita contro il Southampton.

Begović non aveva certo intenzione di segnare: era un calcio di rinvio che ha sorpreso tutti, compreso l'altro portiere. La palla è rimbalzata e ha superato l'ultimo uomo, finendo in rete.

Quindi, la prossima volta che vedi un portiere calciare la palla, pensa ad Asmir Begović e alla sua mirabile rete dall'aria contraria!

14. IL HAT TRICK PIÙ RAPIDO

Hai mai sognato di segnare tre gol in una partita? È un'impresa notevole, ma James Hayter ha fatto qualcosa di ancora più incredibile nel 2004. Ha segnato tre gol in soli 2 minuti e 20 secondi! Questo è il hat trick più veloce nella storia del calcio professionistico inglese.

Hayter ha mostrato un'incredibile rapidità e precisione, lasciando avversari e tifosi a bocca aperta. Tre gol in così poco tempo sono una vera rarità nel calcio.

Quindi, la prossima volta che guardi una partita e vedi un giocatore segnare un hat trick, pensa a James Hayter e al suo cappello da record!

15. IL PIÙ DOMINANTE

Ti immagini una squadra che batte ogni singolo avversario nel corso di una stagione? È esattamente quello che l'Inter ha fatto nella stagione 2009-10. Hanno sconfitto tutte le 19 squadre della Serie A, stabilendo un record senza precedenti.

Questo successo ha dimostrato la superiorità e la consistenza dell'Inter in quella stagione. Con ogni match, hanno dimostrato di essere la squadra da battere in Italia.

Quindi, la prossima volta che pensi a una squadra dominante in Serie A, ricorda l'Inter e la loro incredibile impresa del 2009-10!

16. IL PIÙ LETALE IN UN MATCH

Hai mai sognato di segnare un gol in una partita di Coppa del Mondo? Oleg Salenko non si è fermato a uno, ma ha segnato ben 5 gol in una singola partita! Durante la Coppa del Mondo del 1994, indossando la maglia della Russia, Salenko ha messo a segno questa straordinaria impresa contro il Camerun.

Questo incredibile record ha mostrato tutto il talento e la precisione di Salenko in quella partita storica.

Quindi, quando pensi ai grandi bomber della Coppa del Mondo, ricorda la giornata magica di Oleg Salenko nel 1994!

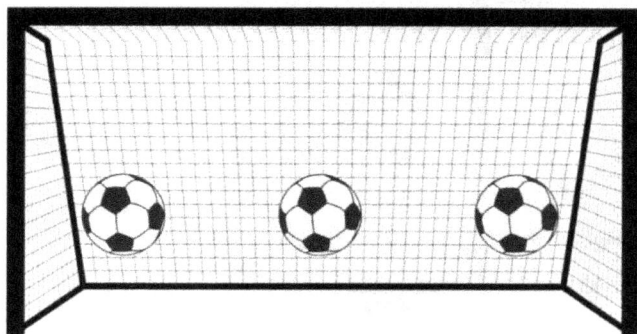

17. IL PIÙ SOSTITUTIVO MATCH

Ti sei mai chiesto quante volte un allenatore può cambiare i suoi giocatori durante una partita? Nella Coppa del Mondo FIFA U-20 del 2017, durante il match tra Italia e Inghilterra, si è raggiunto un incredibile record di 16 sostituzioni!

Questo numero straordinario di cambi mostra quanto possano essere tattiche e strategiche alcune partite, con allenatori che cercano di adattare le loro squadre alle diverse situazioni di gioco.

Quindi, quando pensi alle scelte tattiche in una partita di calcio, ricorda quella incredibile gara tra Italia e Inghilterra del 2017!

18. IL MATCH CON IL PUNTEGGIO PIÙ STRAVAGANTE

Ti sei mai immaginato una partita di calcio dove una squadra segna decine e decine di gol? Nel 2002, si è svolto un match in Madagascar tra AS Adema e SOE Antananarivo che ha registrato il punteggio più alto nella storia del calcio: un incredibile 149-0!

Ma c'è un colpo di scena: tutti i gol erano autogol! La squadra del SOE, infatti, segnò volontariamente in proprio portone come forma di protesta per una decisione arbitrale della partita precedente.

Quindi, la prossima volta che senti parlare di punteggi straordinari, ricorda quella bizzarra partita a Madagascar!

19. IL FESTIVAL DEI RIGORI

Hai mai pensato a quanti rigori possono essere assegnati in una sola partita di calcio? Beh, il record è davvero sorprendente! Durante una partita nel 1943 in Paraguay tra il Club Libertad e l'Atlántida Sport Club, l'arbitro ha concesso non meno di 11 rigori.

Il Club Libertad ha avuto l'opportunità di tirare ben 9 rigori, mentre l'Atlántida ne ha avuti solo 2.

Questo incredibile record è stato anche confermato dalla FIFA. Quindi, ogni volta che ti trovi a discutere rigori durante una partita, ricorda questo incontro storico e i suoi 11 rigori! Chissà se verrà mai superato.

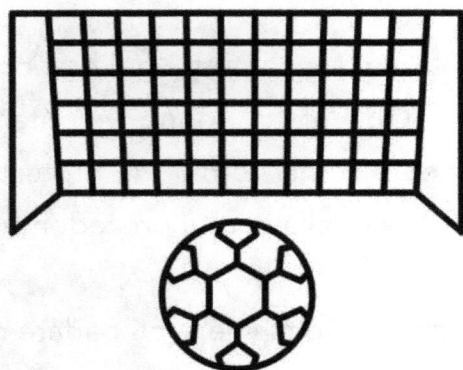

20. IL RE DEI BOMBER

Quando si parla di grandi calciatori, il nome di Pelé spicca sempre. Ma sapevi che detiene anche un record incredibile nel mondo del calcio? Pelé, durante la sua straordinaria carriera, ha conquistato il titolo di capocannoniere ben 11 volte!

Immagina di essere l'avversario e di sapere che stai giocando contro il capocannoniere della lega... 11 volte! La sua abilità nel segnare ha fatto tremare molte difese e ha consolidato la sua posizione come uno dei più grandi giocatori di tutti i tempi.

La prossima volta che ascolti qualcuno parlare dei grandi bomber del calcio, ricorda il re Pelé e i suoi 11 titoli di capocannoniere.

21. IL RIGORE INTERMINABIL

Hai mai visto un rigore così lungo e intenso da rimanere senza fiato? Nel 2015, durante una partita in Thailandia tra il Bangkok Sports Club e il Satri Angthong, si è verificato uno dei momenti più incredibili nella storia dei calci di rigore. Al termine di una serie lunghissima, che terminò 20-19, un rigore ha regalato un momento indimenticabile.

Il pallone, dopo essere stato calciato, colpì il palo, ma invece di allontanarsi dalla porta, rimbalzò sul malcapitato portiere e, contro ogni previsione, terminò la sua corsa in rete.

La prossima volta che guarderai una serie di rigori, pensa a questo momento unico e all'incredibile susseguirsi di eventi che il calcio può regalare.

22. IL "CALCIATORE FANTASMA"

Hai mai sentito parlare di un calciatore professionista che non ha mai messo piede in campo? Suona strano, vero? Eppure, Carlos Henrique Raposo, noto come "Kaiser", è stato esattamente questo tipo di giocatore.

Nonostante avesse avuto contratti con alcune delle squadre più prestigiose del mondo, Kaiser è riuscito a passare tutta la sua carriera senza giocare nemmeno una partita ufficiale. Molte leggende girano su come abbia fatto, tra infortuni simulati e una grande capacità di farsi amico chiunque.

Il calcio ha molte storie incredibili, ma quella di Kaiser è sicuramente una delle più uniche.

23. IL "RIGORE AUDACE"

Hai mai visto un giocatore eseguire un rigore con un tocco leggerissimo, cercando di beffare il portiere invece che colpire la palla con potenza? Questa audace tecnica porta il nome di un calciatore ceco, Antonín Panenka.

Nel 1976, durante gli Europei, Panenka decise di sorprendere tutti nella finale, scegliendo di eseguire il suo rigore in modo completamente inusuale: con un tocco delicato al centro della porta, mentre il portiere si tuffava da una parte.

Il "rigore cucchiaio" è diventato da allora una tecnica adottata da molti grandi calciatori, ma nessuno può dimenticare l'originalità e l'audacia di Panenka.

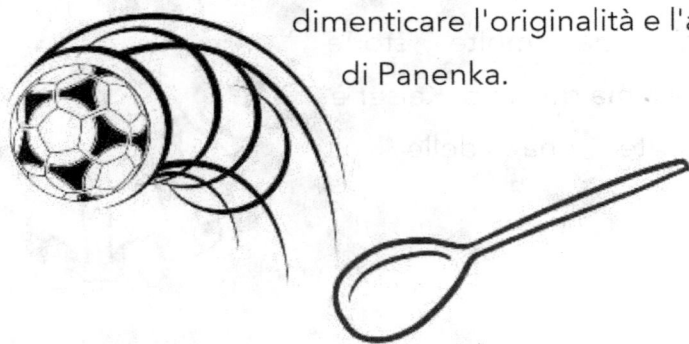

24. IL "PORTIERE LAMPO"

Hai mai visto un portiere ricevere un cartellino rosso all'inizio di una partita? È piuttosto raro, ma Gianluca Pagliuca, portiere della Nazionale Italiana, ha fatto proprio questo durante la Coppa del Mondo del 1994.

Nella partita contro la Norvegia, Pagliuca è stato espulso a soli 21 minuti dall'inizio, stabilendo un record per la più rapida espulsione di un portiere in una partita di Coppa del Mondo.

Quindi, la prossima volta che vedi un portiere prendere un cartellino rosso, ricorda la sfortunata giornata di Pagliuca nella storia dei Mondiali!

25. ESPULSIONE PIÙ VELOCE DOPO L'INGRESSO

Hai mai sentito parlare di giocatori che entrano in campo e vengono espulsi quasi immediatamente? Walter Boyd, mentre giocava per il West Bromwich Albion nel 2000, ha fatto qualcosa di veramente straordinario: è stato espulso senza aver toccato neanche una volta il pallone!

Dopo essere stato mandato in campo come sostituto, Boyd non ha avuto nemmeno il tempo di sudarsi la maglia. Prima che il gioco ripartisse, ha ricevuto un cartellino rosso.

La prossima volta che vedi un giocatore ricevere un cartellino dopo essere entrato in campo, pensa a Walter Boyd e alla sua inusuale "prestazione"!

26. MAGGIOR NUMERO DI CARTELLINI GIALLI IN UNA PARTITA

Hai mai visto una partita di calcio in cui l'arbitro sembrava non potesse smettere di tirare fuori il cartellino giallo? Durante una feroce battaglia sul campo tra Athletic Bilbao e Atletico Madrid nel 2001, l'arbitro ha stabilito un record mostrando 16 cartellini gialli!

Questo scontro tra due giganti spagnoli è diventato famoso non solo per l'intensità in campo, ma anche per la quantità di cartellini mostrati.

Quindi, la prossima volta che guardi una partita e vedi l'arbitro tirare fuori diversi cartellini gialli, ricorda la storica contesa tra Bilbao e Madrid!

x16

27. MENO PUNTI IN UNA STAGIONE

Ti sei mai chiesto qual è il team che ha avuto la stagione più difficile nella Premier League? Il titolo non invidiabile va al Derby County, che nella stagione 2007-08 ha conquistato solo 11 punti!

Questo record è una testimonianza di quanto possa essere difficile competere al massimo livello del calcio inglese. Nonostante gli sforzi e la passione mostrata in campo, il Derby County ha affrontato sfide immensi.

Quindi, la prossima volta che senti parlare di una squadra in difficoltà, ricorda la lotta del Derby County nella stagione 2007-08 e quanto il calcio possa essere imprevedibile e implacabile!

28. PIÙ GOL IN UNA STAGIONE DI UNA SQUADRA

Hai mai sentito parlare di una squadra che sembrava non poter smettere di segnare? Ecco a voi l'AS Monaco del 1960-61! Durante quella stagione, hanno segnato la sorprendente cifra di 174 gol in tutte le competizioni.

Questo exploit è il risultato di un attacco formidabile e di una sinergia tra i giocatori che ogni squadra desidererebbe.

Quindi, quando pensi alle squadre più letali di fronte alla porta, ricorda la magica stagione dell'AS Monaco del 1960-61.

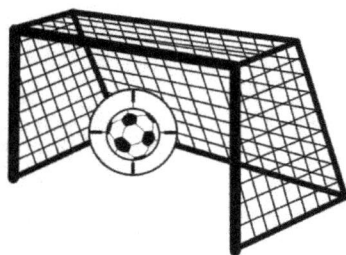

29. PIÙ GOL SUBITI IN UNA STAGIONE DI UNA SQUADRA

Hai mai avuto una di quelle giornate in cui sembra che tutto vada storto? Immagina una stagione intera così. Questo è esattamente ciò che è successo al Darwin FC nella stagione 2016 del campionato nordaustraliano. La squadra ha subito uno shockante totale di 247 gol, un record che nessuna squadra vorrebbe mai stabilire.

Ogni partita era una montagna da scalare per la difesa del Darwin FC, con gli attaccanti avversari che sembravano non poter sbagliare. Nonostante gli ostacoli, la squadra ha continuato a lottare e dare il massimo in ogni partita.

30. MAGGIOR NUMERO DI PAREGGI IN UNA STAGIONE

Hai mai sentito dire che è meglio condividere che vincere o perdere? Per il Bury FC, nella stagione 1997-98 della English Second Division, sembra che condividere fosse il loro motto. Hanno registrato un numero impressionante di 28 pareggi in 46 partite, un record che rimane ancora oggi.

Sebbene molte squadre cerchino la vittoria ogni volta che scendono in campo, il Bury FC ha dimostrato che c'è un valore anche nel bilanciare le cose.

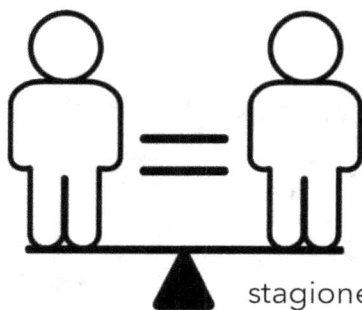

Quindi, la prossima volta che guardi una partita e vedi due squadre pareggiare, pensa al Bury FC e al loro incredibile record nella stagione 1997-98.

31. MAGGIOR NUMERO DI GOL SEGNATI CON IL CORPO

Hai mai pensato a quante parti del corpo possono essere utilizzate per segnare un gol nel calcio? Harry Kane ha mostrato che ogni parte del corpo può essere un'arma segreta. Nella stagione 2017-18 della Premier League, Kane ha segnato un sorprendente totale di 5 gol usando il suo corpo, stabilendo un record.

Che si tratti di un colpo di fortuna o di una tecnica perfettamente eseguita, segnare con il corpo non è una cosa da poco.

La prossima volta che guardi una partita e vedi un gol inaspettato, pensa a Harry Kane e alla sua abilità di usare ogni centimetro del suo corpo per fare gol.

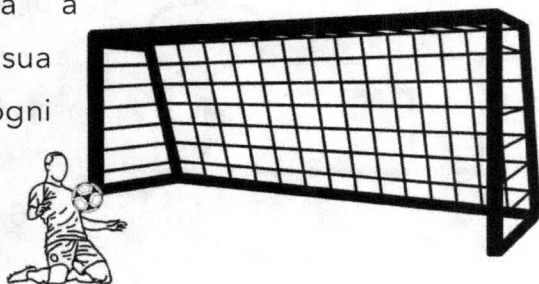

32. PIÙ GOL SEGNATI IN UNA PARTITA DA UNA SQUADRA PERDENTE

Hai mai pensato che segnare tanti gol in una partita potrebbe non bastare? Per il Charlton Athletic, il 1960 è l'anno in cui hanno imparato questa lezione in modo davvero amaro. Nonostante avessero messo a segno ben 6 gol in una partita, sono riusciti a perdere 7-6 contro l'Huddersfield Town.

È un promemoria che nel calcio, non importa quanto tu possa essere dominante o quanto possa sembrare che stia andando tutto bene, tutto può cambiare in un attimo.

6 7

Quindi, la prossima volta che vedrai una squadra segnare molti gol, non dare per scontato che stiano vincendo.

33. MENO GOL IN UNA STAGIONE

Hai mai avuto uno di quei giorni in cui sembra che nulla vada come previsto? L'Arsenal nel 1912-13 e il Leeds United nel 1996-97 conoscono questa sensazione troppo bene. Entrambe le squadre detengono il record condiviso per il minor numero di gol segnati in una stagione della massima serie inglese, con una misera cifra di soli 15 gol.

Non importa quante occasioni abbiano avuto o quante volte abbiano colpito il palo, la palla sembrava non voler entrare.

La prossima volta che vedrai una squadra attraversare un periodo difficile, pensa all'Arsenal e al Leeds e a quelle stagioni indimenticabili.

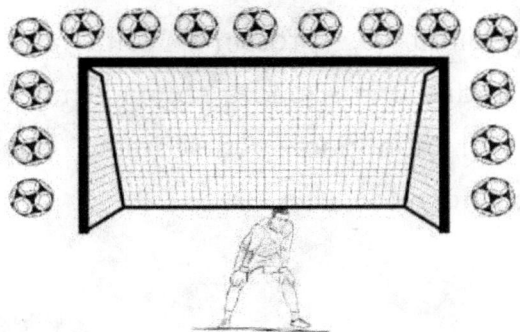

34. MAGGIOR NUMERO DI CARTELLINI ROSSI IN UNA STAGIONE

Ti sei mai chiesto chi detiene il record di cartellini rossi in una stagione tra i campionati europei di calcio? Non guardare oltre Sergio Ramos del Real Madrid. Durante la stagione 2010-11, Ramos ha ottenuto il dubbio onore di ricevere ben 5 espulsioni, stabilendo un record per una stagione di massima serie europea.

Sergio, conosciuto per la sua grinta, il suo stile di gioco fisico e la sua dedizione in campo, ha spesso camminato sul filo del rasoio tra giocate geniali e decisioni audaci.

35. MAGGIOR NUMERO DI RIGORI PARATI IN UNA PARTITA

Hai mai immaginato quanto sarebbe incredibile per un portiere parare quattro rigori consecutivi in una delle partite più importanti del calcio? Helmuth Duckadam, portiere dello Steaua Bucarest, ha trasformato questo sogno in realtà. Nella finale della Coppa dei Campioni del 1986, si è opposto ai tiratori del Barcellona e ha parato ogni singolo rigore!

La sua incredibile prestazione quella notte gli ha conferito il titolo di "Eroe di Siviglia", dal nome della città in cui si è disputata la finale. Grazie a Duckadam, lo Steaua Bucarest ha conquistato il titolo, diventando il primo club romeno a farlo.

.

36. MAGGIOR NUMERO DI SCONFITTE CONSECUTIVE

Ti sei mai chiesto quale squadra ha avuto la sfortuna di incontrare la sconfitta più volte consecutivamente in una stagione? Nella stagione 2002-03 del massimo campionato inglese, il Sunderland ha avuto una sequenza davvero sfortunata, perdendo 15 partite di fila.

È difficile immaginare la pressione e la frustrazione che giocatori e tifosi hanno dovuto affrontare durante quel periodo. Ma il calcio, come la vita, è fatto di alti e bassi.

La prossima volta che vedrai una squadra attraversare un periodo difficile, pensa al Sunderland del 2002-03 e

⇩-15 alla loro determinazione nel continuare a lottare, nonostante le sfide.

37. MAGGIOR NUMERO DI PRESENZE IN UNA SQUADRA

Quando pensi a un calciatore che ha dedicato l'intera carriera a una sola squadra, chi ti viene in mente? La risposta potrebbe essere Paolo Maldini! Tra il 1985 e il 2009, questo difensore italiano ha vestito la maglia del Milan per ben 902 volte, stabilendo un record impressionante.

Paolo non è solo un giocatore, ma una vera e propria icona per il Milan e per tutti i tifosi rossoneri.

Ogni volta che guardi una partita del Milan, è impossibile non pensare al leggendario numero 3 e al suo impegno incondizionato per i colori rossoneri.

38. PIÙ CAMBI DI ALLENATORE IN UNA STAGIONE

Ti è mai capitato di perdere il conto di quante volte qualcosa è cambiato? Ecco cosa è successo ai tifosi del Palermo nella stagione 2015-16! Questo club siciliano ha stabilito un record piuttosto singolare: ha cambiato ben 9 volte l'allenatore in una sola stagione. È quasi come se ogni mese ci fosse un nuovo volto sulla panchina rosa.

La prossima volta che sentirai parlare di un club che cambia allenatore, pensa al Palermo e alla sua incredibile stagione 2015-16.

39. GOL PIÙ RAPIDO SEGNATO DA UN PORTIERE

Hai mai sognato, come portiere, di segnare un gol? Ebbene, Asmir Begović non solo ha realizzato questo sogno, ma ha anche stabilito un record nel farlo. Nel 2013, mentre giocava per il Stoke City contro il Southampton, ha segnato un gol dopo appena 13 secondi dall'inizio della partita!

Quindi, la prossima volta che vedi un portiere prepararsi a calciare un rinvio, chissà, potresti assistere a un altro momento magico come quello di Begović.

40. GOL PIÙ RAPIDO IN UNA PARTITA INTERNAZIONALE

Alcune delle storie più affascinanti provengono dai momenti inaspettati. E uno di questi è sicuramente il gol più rapido mai segnato in una partita internazionale, protagonista una piccola nazione: San Marino.

Nel 1993, San Marino affrontava l'Inghilterra, una delle nazionali di calcio più forti del mondo. Davide Gualtieri, un giocatore di San Marino, ha approfittato di un errore difensivo e ha segnato un gol dopo appena 8,3 secondi!

Nonostante l'Inghilterra abbia poi vinto la partita, quel gol di Gualtieri è rimasto nella storia.

41. MENO VITTORIE IN UNA STAGIONE

Hai mai avuto una di quelle giornate in cui sembra che nulla vada per il verso giusto? Immagina una stagione intera! Questo è ciò che è accaduto al Derby County nella Premier League 2007-08 e al Sporting CP nella Primeira Divisão 1966-67.

Entrambi i club hanno vissuto stagioni difficilissime, riuscendo a conquistare solo una singola vittoria in tutto l'anno. Questo li ha legati in un record non così desiderabile, ma sicuramente storico.

Quindi, se mai ti senti giù di morale o pensi che le cose non stiano andando per il verso giusto, pensa a queste squadre e ricorda che dopo la pioggia viene sempre l'arcobaleno!

42. MAGGIOR NUMERO DI GOL SEGNATI IN UNA PARTITA

Ti sei mai chiesto qual è il massimo numero di gol che una squadra può segnare in una sola partita? Beh, l'Arbroath FC ha dato una risposta decisiva a questa domanda nel 1885.

In una memorabile partita di coppa scozzese, l'Arbroath ha inflitto una sconfitta schiacciante al Bon Accord FC, segnando l'incredibile cifra di 36 gol! Sì, hai letto bene: trentasei gol in una sola partita.

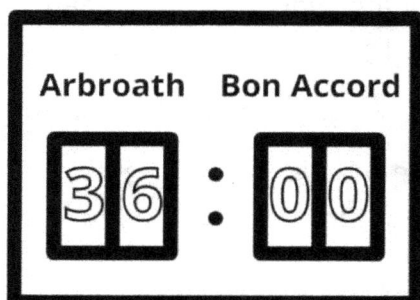

Arbroath   Bon Accord

36 : 00

La prossima volta che vedi una squadra segnare una manciata di gol in una partita e pensi che sia impressionante, ricorda la prodezza dell'Arbroath FC e quei 36 gol storici!

43. GIOCATORE PIÙ ANZIANO AD AVER SEGNATO

L'età è solo un numero, giusto? Kazuyoshi Miura sembra pensarla così! Mentre molti potrebbero pensare alla pensione o a prendersi una pausa dal calcio professionistico, Miura ha continuato a sfidare ogni convenzione.

All'età incredibile di 50 anni e 14 giorni, questo calciatore leggendario ha segnato un gol nel campionato giapponese, giocando per il Yokohama FC. Con quel gol, è diventato il giocatore più anziano nella storia del calcio professionistico ad aver segnato.

44. MAGGIOR NUMERO DI RIGORI ASSEGNATI IN UNA STAGIONE

La stagione 2019-20 della Serie A italiana sembrava avere un sapore particolare, e no, non parliamo del sugo sulla pasta! Parliamo di rigori, e di molti!

Durante questa stagione, le squadre hanno assistito e partecipato a un numero senza precedenti di situazioni da penalty: sono stati assegnati 187 rigori, stabilendo un nuovo record per il campionato italiano.

Questo numero potrebbe far pensare a un torneo particolarmente combattuto, con molti contatti in area e decisioni arbitrali difficili. O forse, una maggiore attenzione alle infrazioni grazie alla tecnologia VAR? Qualunque sia la ragione, i portieri hanno sicuramente avuto le mani piene.

45. IL GIOCATORE PIÙ ANZIANO

La passione per il calcio non ha età, e Ezzeldin Bahader ne è la prova vivente. Mentre molti potrebbero pensare alla pensione o a come trascorrere le proprie giornate nel relax, Ezzeldin aveva un'idea diversa in mente: calcio!

Nel 2020, questo straordinario egiziano ha fatto la storia, entrando in campo all'età di 74 anni, diventando il giocatore più anziano a partecipare a una partita di calcio professionistica. Mentre molti sarebbero preoccupati per i rischi o le sfide fisiche, Ezzeldin ha dimostrato che la passione e la determinazione possono superare qualsiasi ostacolo.

46. IL GIOCATORE PIÙ GIOVANE

Mentre la maggior parte dei bambini di 12 anni sta ancora sognando di diventare calciatori, Mauricio Baldivieso lo stava già facendo! Nel 2009, questo piccolo boliviano ha stupito il mondo del calcio facendo il suo debutto professionistico a una età in cui molti sono ancora alle prese con i compiti di scuola.

Giocando per il Club Aurora, Mauricio non solo è entrato in campo, ma ha anche fissato un record, diventando il giocatore più giovane nella storia del calcio professionistico.

Quindi, la prossima volta che senti che sei "troppo giovane" o "inesperto" per seguire i tuoi sogni, pensa a Mauricio e al suo debutto precoce.

47. PUBBLICO PIÙ NUMEROSO

Immagina di trovarsi in un luogo, circondato da quasi 200.000 persone, tutte con gli occhi fissi su di te, in attesa del fischio d'inizio. Questa non è una scena da film epico, ma una realtà che si è verificata nel 1950, nello stadio Maracanã di Rio de Janeiro.

Uruguay e Brasile, due potenze del calcio, si sono sfidati in quella che sarebbe diventata una delle partite più iconiche della storia del calcio.

La prossima volta che sarai in uno stadio, grande o piccolo, ricorda il Maracanã nel 1950 e la magia che il calcio può portare. E chissà, forse sentirai l'eco di quegli applausi storici!

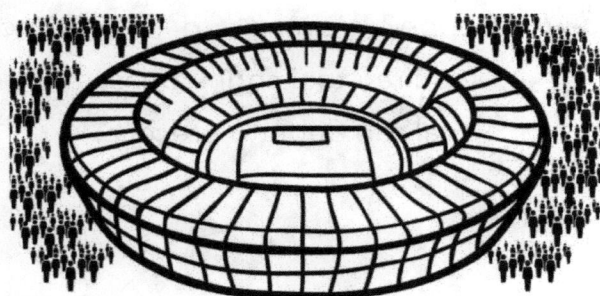

48. MAGGIOR NUMERO DI RETI SEGNATE IN UNA STAGIONE DI CLUB

C'era una volta un attaccante il cui piede sembrava magico. Ogni volta che toccava il pallone, sembrava destinato a finire in fondo alla rete. Questo giocatore era Arthur Chandler, e nella stagione 1927-28, ha realizzato un'impresa che sembrava impossibile.

Mentre giocava per il Leicester City, Chandler ha segnato un incredibile totale di 67 gol in una singola stagione, stabilendo un record che ancora oggi fa girare la testa ai tifosi. Ogni volta che entrava in campo, gli avversari sapevano che avrebbero avuto una giornata difficile.

49. MAGGIOR NUMERO DI GOL SEGNATI IN PARTITE CONSECUTIVE

Hai mai avuto una serie di giorni fortunati in cui tutto sembrava andare per il verso giusto? Immagina di avere quella sensazione per 21 giorni consecutivi! Questo è esattamente ciò che è successo a Lionel Messi durante la stagione 2012-2013 della La Liga.

Mentre giocava per il FC Barcelona, Messi non ha solo segnato in 21 partite consecutive, ma ha totalizzato la strabiliante cifra di 33 gol in quel periodo. Ogni volta che entrava in campo, era come se il pallone fosse magicamente attratto dalla rete.

50. GIOCATORE CON IL MAGGIOR NUMERO DI SQUADRE

Hai mai pensato a quante squadre potrebbe giocare un calciatore durante la sua carriera? Magari due, cinque o dieci? Beh, John Burridge ha fatto saltare tutte queste stime!

Durante una carriera che ha attraversato tre decenni, Burridge ha indossato le maglie di 29 squadre diverse. Sì, hai letto bene, 29 squadre! Mentre la maggior parte dei calciatori cerca stabilità o magari un cambio di squadra ogni tanto per nuove sfide, John sembrava essere in una costante avventura, esplorando nuove città, tifosi e stadi.

51. PIÙ GOL SEGNATI IN UNA STAGIONE DI PREMIER LEAGUE

Ti sei mai chiesto chi ha segnato il maggior numero di gol in una singola stagione della Premier League? Se pensi a grandi bomber e leggende del calcio inglese, probabilmente i nomi di Alan Shearer e Andy Cole ti vengono in mente.

Ebbene sì, questi due giganti del gol detengono un record molto speciale. Sia Shearer che Cole hanno segnato un impressionante totale di 34 gol in una sola stagione della Premier League. Una cifra davvero sbalorditiva che mostra il loro talento straordinario e la loro capacità di essere costantemente una minaccia per le difese avversarie.

52. MAGGIOR NUMERO DI PARTITE GIOCATE SENZA MAI ESSERE ESPULSI

Hai mai pensato a quanto sia difficile mantenere la calma e la compostezza nel frenetico mondo del calcio? Ogni giocatore ha momenti di frustrazione, ma alcuni riescono a gestirli meglio di altri. E uno di questi giocatori straordinari è Ryan Giggs.

Pensa a questo: Giggs ha giocato 963 partite con la maglia del Manchester United, una delle squadre più prestigiose al mondo. Ma quello che rende questa cifra ancora più impressionante è che, in tutti questi anni e tutte queste partite, non è mai stato espulso. Mai un cartellino rosso!

53. PIÙ PRESENZE CONSECUTIVE

C'è qualcosa di affascinante nella costanza e nella dedizione. E quando si parla di calcio, pochi possono eguagliare la resistenza e la passione mostrata da Harold Bell del Tranmere Rovers.

Immagina di scendere in campo ogni settimana, piova o ci sia il sole, in salute o leggermente acciaccato. E ora immagina di farlo per 401 partite... di fila! Sì, hai capito bene. Dal 1946 al 1955, Harold non ha saltato una singola partita con il suo amato Tranmere. Questo record di presenze consecutive è una testimonianza del suo impegno, della sua forza fisica e della sua pura passione per il gioco.

401

54. MENO PRESENZE DA CAPITANO DELLA NAZIONALE

Essere nominati capitano della propria nazionale è un onore immenso, e rappresenta la fiducia e il rispetto che allenatori e compagni di squadra hanno nei tuoi confronti. Bryan Robson, il dinamico centrocampista inglese, aveva sicuramente meritato quella fascia da capitano. Ma come spesso accade nello sport, la fortuna può giocare brutti scherzi.

Nella Coppa del Mondo del 1986, tutti gli occhi erano puntati su Robson per guidare l'Inghilterra alla vittoria. Ma a volte, le speranze si scontrano con la cruda realtà. Durante una cruciale partita contro il Marocco, dopo soli 27 minuti, Robson subì un infortunio che lo costrinse a lasciare il campo.

55. MAGGIOR NUMERO DI GOL IN UNA SINGOLA PARTITA DI CHAMPIONS LEAGUE

La UEFA Champions League, l'apice del calcio europeo, ha visto innumerevoli leggende mostrare la loro classe sul campo, ma poche performance brillano tanto quanto quella di Lionel Messi in quella storica serata.

Immagina il Camp Nou riecheggiante con gli applausi e le acclamazioni ogni volta che la palla trovava la rete. Una, due, tre, quattro... cinque volte! Messi, l'astuta pulce argentina, ha danzato tra le difese avversarie come solo lui sa fare, segnando un incredibile totale di 5 gol in una singola partita della Champions League.

56. MAGGIOR NUMERO DI GOL IN UNA SINGOLA EDIZIONE

Hai mai sognato di essere il migliore in quello che fai? Cristiano Ronaldo non solo ha sognato, ma ha anche trasformato quel sogno in realtà, diventando una vera e propria macchina da gol in Champions League.

Il campione portoghese ha sempre avuto una fame insaziabile di gol, e nella stagione 2013-14 della UEFA Champions League, ha mostrato al mondo intero la sua classe superiore. Con 17 gol segnati in quella edizione, Ronaldo ha stabilito un record che ha lasciato tutti a bocca aperta.

CR7

57. MAGGIOR NUMERO DI RIGORI FALLITI IN UNA PARTITA

Hai mai avuto una di quelle giornate in cui senti che nulla può andare come previsto? Martín Palermo può sicuramente capire quella sensazione, ma in una dimensione completamente differente e su uno dei palcoscenici calcistici più grandi!

L'attaccante argentino, noto per la sua capacità di segnare e la sua presenza imponente in area, ha vissuto un'insolita serata durante la Copa America del 1999. Durante la partita contro la Colombia, gli è stata data l'opportunità di trasformare ben 3 rigori... ma, incredibilmente, li ha tutti falliti.

58. MAGGIOR NUMERO DI GOL SEGNATI DA UNA SQUADRA

Hai mai giocato a un videogioco di calcio e impostato la difficoltà al livello più basso, segnando gol su gol senza sosta? Ora, immagina una squadra che fa esattamente la stessa cosa, ma nella realtà e contro avversari reali.

Benvenuti nel mondo del Peterborough United nella stagione 1960-61! Questa squadra inglese non era solo soddisfatta di vincere, voleva dominare, e così ha fatto, in modo spettacolare. Hanno segnato l'incredibile cifra di 134 gol in una sola stagione di campionato nella Quarta Divisione inglese.

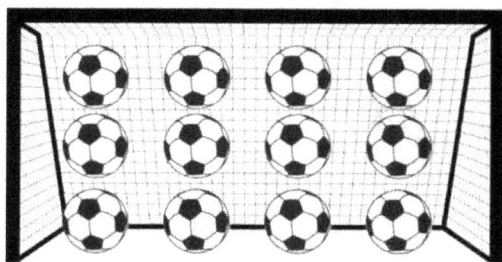

59. MAGGIOR NUMERO DI GOL SUBITI DA UNA SQUADRA

Ti è mai capitato di sentirti come se tutto fosse contro di te, come se ogni sfida diventasse sempre più difficile? Bene, il Rochdale durante la stagione 1931-32 della Terza Divisione inglese sa esattamente come ci si sente.

Durante quella stagione, questa squadra ha affrontato un vero e proprio assedio, subendo ben 136 gol. Ogni partita era come una tempesta, con gli avversari che puntavano costantemente alla loro porta, cercando di sfruttare ogni opportunità.

60. SQUADRE RAPPRESENTATE DA UN GIOCATORE

Hai mai sognato di viaggiare in luoghi diversi, magari cambiando paese ogni mese? Mentre la maggior parte delle persone si accontenta di cambiare abitudini o ristoranti, Rohan Ricketts ha portato il concetto di "cambiare" a un altro livello nel mondo del calcio.

Nella stagione 2010-11, Rohan non solo ha cambiato squadra, ma ha anche cambiato paese, non una o due volte, ma quattro! Questo centrocampista, non contento di giocare per una sola squadra o in un solo paese, ha deciso di rappresentare quattro squadre diverse in quattro paesi diversi, tutto in una singola stagione.

61. MAGGIOR NUMERO DI MINUTI SENZA SUBIRE GOL IN PREMIER LEAGUE

Hai mai provato a mantenere una concentrazione assoluta durante un compito per un lungo periodo di tempo? Nel mondo del calcio, dove ogni secondo può fare la differenza, Edwin Van Der Sar ha dimostrato una forma mentale e fisica eccezionale.

Durante la stagione 2008-09, questo portiere olandese ha stabilito un record straordinario in Premier League. Per 1.311 minuti consecutivi, Edwin ha tenuto la sua porta inviolata, impedendo agli attaccanti avversari di segnare. Questo equivale a oltre 14 partite complete senza subire un singolo gol!

62. PIÙ GOL SUBITI DA UN PORTIERE IN UNA SOLA PARTITA

Hai mai avuto una di quelle giornate pessime? Immagina di essere un portiere e di vedere la palla finire nella tua rete una, due, tre volte... e poi continuare fino a 17 volte! Questa è esattamente la sfortunata esperienza di Frank Watt.

Nel lontano 1899, Frank Watt, portiere del New Brighton Tower, ha avuto un giorno da dimenticare sul campo da calcio. In una partita contro l'Aston Villa, ha subito la sorprendente cifra di 17 gol. Anche se oggi potrebbe sembrare inimmaginabile, quella partita si è conclusa con un punteggio incredibilmente sbilanciato.

63. MAGGIOR NUMERO DI SOSTITUZIONI IN UNA SOLA PARTITA

Ti sei mai trovato in una situazione in cui hai dovuto cambiare le tue routine o adattarti a nuove circostanze? Il mondo del calcio ha vissuto proprio questo durante la pandemia di COVID-19 nel 2020. Per garantire la sicurezza dei giocatori e rispondere alle sfide poste dal virus, la FIFA ha deciso di fare una mossa senza precedenti: ha temporaneamente modificato le regole del gioco.

Prima del 2020, ogni squadra poteva fare solo 3 sostituzioni durante una partita. Ma con la nuova regola, fino a 5 sostituzioni per squadra erano consentite in una singola partita.

64. MASSIMA PRESENZE IN UNA SINGOLA STAGIONE DI UN GIOCATORE

Hai mai pensato a quanto possa essere stancante giocare una partita di calcio? Ora, immagina di giocare quasi ogni tre giorni per un'intera stagione. Sembra estenuante, giusto?

Nella stagione 1970-71, Tony Book del Manchester City ha mostrato un'endurance e una dedizione incredibili. Ha partecipato a ben 61 partite in quella stagione, stabilendo un record che è difficile da immaginare. Non solo ha dovuto affrontare l'usura fisica di giocare così tante partite, ma anche la pressione e la tensione psicologica di mantenere un livello di prestazione elevato per il suo club.

65. PRIMA SOSTITUZIONE

Nel lontano 1965, si è verificata una svolta storica nel mondo del calcio. Durante una partita tra il Charlton Athletic e il Bolton Wanderers, un giocatore di nome Mike Rose si è infortunato. E qui entra in scena Keith Peacock, diventando il primo giocatore nella storia del calcio a essere sostituito in una partita. Questo momento ha segnato l'inizio di una nuova era, dove le squadre potevano cambiare la loro tattica e la loro formazione in tempo reale, adattandosi alle situazioni e agli imprevisti.

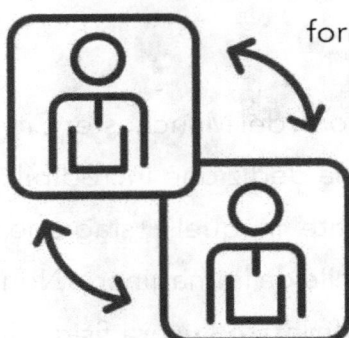

Quella decisione ha portato una dimensione completamente nuova al gioco, permettendo agli allenatori di fare scelte strategiche e di avere un impatto diretto sul corso delle partite.

66. AUTOGOL DALLA MAGGIORE DISTANZA

Ti sei mai chiesto qual è l'autogol segnato dalla maggiore distanza nella storia del calcio? Non tutti gli autogol sono segnati vicino alla propria porta. A volte, accadono incidenti incredibili anche dalla lontananza.

Nel 1984, durante una partita tra Slovacchia e Ungheria, Jozef Barmoš ha fatto qualcosa che non avrebbe mai immaginato di fare. Ha segnato un autogol da ben 35 metri di distanza! È difficile immaginare come possa essere accaduto, ma in un gioco dinamico e imprevedibile come il calcio, l'inatteso può diventare realtà in un batter d'occhio.

67. PUNIZIONE PIÙ BIZZARRA

Ci sono momenti in cui i giocatori decidono di abbandonare la norma e sorprendere tutti con un'idea geniale. Uno di questi momenti epici è avvenuto nel 1970, protagonista il leggendario Johan Cruyff insieme a Jesper Olsen dell'Ajax.

Molti si aspettavano che Cruyff tirasse direttamente in porta quando si è posizionato per la punizione. Invece, ha fatto qualcosa che ha lasciato tutti a bocca aperta: ha semplicemente passato la palla a Olsen invece di tirarla verso la porta. Olsen, in perfetta sintonia con Cruyff, gli ha prontamente restituito la palla permettendo a Johan di depositarla facilmente in rete.

68. LA STRATEGIA PIÙ AUDACE

Ti sei mai chiesto fino a dove può spingersi la strategia in uno sport? Nel calcio, a volte la strategia può sorprendere tutti. Durante una partita tra Barbados e Grenada, Barbados doveva vincere con 2 gol di differenza. Stavano vincendo 2-1, ma avevano bisogno di un margine maggiore. Incredibilmente, hanno segnato un'autorete per portare la partita a 2-2 e forzare i tempi supplementari. Qui, grazie alle regole speciali, ogni gol valeva doppio. Barbados ha poi segnato, vincendo 4-2 nei tempi supplementari. Una tattica audace che ha pagato!

Nel gioco - come nella vita - a volte devi pensare fuori dagli schemi per raggiungere i tuoi obiettivi!

69. GIOCATORE PIÙ BASSO

Nel vasto mondo del calcio, spesso pensiamo che sia uno sport dominato da giganti. Ma, come in molte storie, ci sono sempre eccezioni che sfidano le norme e i preconcetti. Uno di questi esempi eccezionali è Élton José Xavier Gomes. Meglio conosciuto semplicemente come Élton, questo talento calcistico si distingue non per la sua imponente statura, ma per la sua mancanza di essa.

Con un'altezza di soli 1,54 m, Élton è considerato il giocatore professionista più basso nella storia del calcio. Ma non lasciarti ingannare dalla sua statura: quello che gli manca in altezza, lo compensa abbondantemente con tecnica, destrezza e una passione sconfinata per il gioco.

70. GIOCATORE PIÙ PESANTE

Quando pensiamo ai calciatori, ci immaginiamo atleti snelli e in forma. Ma, come in ogni storia che si rispetti, ci sono sempre delle eccezioni che rompono ogni stereotipo. Una di queste leggende è William "Fatty" Foulke, un personaggio davvero più grande della vita nel vero senso della parola.

Con un peso di ben 152 kg, Fatty Foulke detiene il record di essere il calciatore più pesante nella storia del calcio professionistico. Ma Foulke non era solo noto per il suo peso; era un portiere formidabile, con una presenza imponente tra i pali che intimoriva gli avversari. Giocando tra il 1894 e il 1907, è diventato una figura leggendaria nel mondo del calcio, tanto per la sua abilità quanto per la sua stazza.

71. PIÙ TITOLI CONSECUTIVI

Ci sono squadre di calcio che mostrano un certo tipo di eccellenza, ma ci sono anche quelle squadre che diventano sinonimo di dominio assoluto nel loro campionato. Lincoln Red Imps Football Club di Gibilterra è una di queste squadre leggendarie. Dal 2003 al 2016, questo club ha vissuto un periodo dorato nella Premier Division di Gibilterra, aggiudicandosi il titolo di campione ben 14 volte di fila!

Questa sequenza di vittorie non è stata solo una dimostrazione di forza sul campo di gioco, ma anche una testimonianza della dedizione, dell'organizzazione e della passione che ha alimentato il club anno dopo anno.

72. PIÙ GOL SEGNATI CON LA TESTA IN UNA STAGIONE DI P.L.

Ci sono molti modi per segnare un gol nel calcio, ma pochi sono altrettanto emozionanti e spettacolari quanto un colpo di testa ben eseguito. Durante la stagione 1997-98 della Premier League, un giocatore si è elevato al di sopra degli altri, letteralmente, quando si trattava di segnare con la testa: Alan Shearer.

Con una combinazione di tempismo, forza e precisione, Shearer ha dimostrato di essere il dominatore indiscusso nei duelli aerei, mettendo a segno un incredibile totale di 14 gol di testa in una singola stagione.

73. MAGGIOR NUMERO DI VITTORIE CONSECUTIVE IN UNA STAGIONE

Nel mondo del calcio, la coerenza è la chiave del successo. Ma ogni tanto, una squadra emerge e stabilisce nuovi standard, portando la coerenza a livelli stratosferici. Nella stagione 2016-17 della Welsh Premier League, quella squadra erano The New Saints.

Con una combinazione di talento, spirito di squadra, e una determinazione ferrea, The New Saints hanno trasformato ogni partita in una dimostrazione di superiorità. Una vittoria, poi un'altra, e poi un'altra ancora; la squadra sembrava imbattibile, accumulando un totale di 27 vittorie consecutive.

74. PIÙ GOL SEGNATI DA UN DIFENSORE IN UNA STAGIONE DI P.L.

Molti associano i difensori a dure battaglie in difesa, ma ogni tanto, emerge un difensore che sorprende tutti con le sue prodezze offensive. Andy Hinchcliffe è uno di questi. Nella stagione 1994-95 della Premier League, Hinchcliffe non si è limitato a fermare gli attacchi avversari, ma ha anche trovato il modo di fare la differenza nell'area opposta. Con 7 gol, ha stabilito un record per un difensore in quella stagione.

Questi gol non erano solo quantità, ma spesso cruciali per la sua squadra, mostrando che un difensore può essere altrettanto influente in attacco quanto in difesa.

75. MAGGIOR NUMERO DI CARTELLINI GIALLI IN UNA STAGIONE DI P.L.

Mentre molti giocatori si sforzano di evitare confronti diretti e sanzioni, alcuni come Lee Cattermole mostrano una passione e un'intensità sul campo che a volte li porta a varcare il limite. Nella stagione 2014-15 della Premier League, Cattermole ha dimostrato di essere un vero combattente, accumulando ben 14 cartellini gialli.

Ogni fallo commesso era un segno del suo impegno totale e del suo desiderio di combattere per ogni pallone.

76. GOL PIÙ VELOCE IN UNA PARTITA DI C.L.

Alcuni giocatori attendono l'intera partita per trovare la rete, ma Roy Makaay non è uno di loro. Nella spettacolare arena della UEFA Champions League, nel 2007, Makaay ha lasciato il suo segno segnando un gol incredibilmente veloce per il Bayern Monaco contro gli giganti spagnoli del Real Madrid. Non erano passati nemmeno 10 secondi e il pallone era già in fondo alla rete!

Questo gol rapidissimo ha sorpreso sia tifosi che giocatori, mostrando che nel calcio ogni secondo conta e l'azione può scatenarsi in qualsiasi momento.

77. MAGGIOR NUMERO DI GOL SEGNATI DA UNA SQUADRA IN P.L.

Mentre alcune squadre lottano per trovare la via della rete, nella stagione 2017-18 del Manchester City, sembrava che ogni tiro si trasformasse in un gol. In quell'anno memorabile, i "Citizens" hanno messo in mostra un calcio d'attacco fenomenale, trovando la rete per ben 106 volte in Premier League.

Sotto la guida di Pep Guardiola, la squadra ha combinato abilità tecniche, visione di gioco e una precisione letale davanti alla porta, facendo del Manchester City una vera e propria macchina da gol.

78. SOSTITUZIONE PIÙ INUSUALE

Hai mai sentito parlare di un centrocampista che diventa un eroe tra i pali? Nel 1993, gli spettatori dell'incontro del Coventry City hanno assistito a una delle sostituzioni più inusuali nella storia del calcio. Quando Steve Ogrizovic, il portiere titolare, ha dovuto lasciare il campo a causa di un infortunio, David Busst, noto per la sua abilità come centrocampista, ha preso il suo posto tra i pali.

Contro ogni aspettativa, Busst non solo ha difeso la porta con successo, ma è diventato l'eroe della giornata parando un rigore. Una prestazione così eccezionale da un giocatore fuori posizione è una vera rarità nel mondo del calcio.

79. SQUADRA CON IL MAGGIOR NUMERO DI NAZIONALITÀ IN UNA SINGOLA PARTITA

Hai mai riflettuto sulla diversità del mondo del calcio? Su come questo sport unisca culture, lingue e nazionalità diverse? Nel 2009, il Club Brugge ha offerto un esempio perfetto di questa unità globale. Durante una partita di UEFA Champions League, la squadra belga ha schierato giocatori provenienti da ben 16 nazionalità diverse!

Immagina l'incredibile miscela di stili di gioco, le diverse abilità e le personalità che avrebbero condiviso lo stesso spogliatoio. Questo fatto evidenzia non solo la natura inclusiva e globale del calcio, ma anche la capacità del Club Brugge di attrarre talenti da tutto il mondo.

80. RIGORE PIÙ VELOCE

Hai mai immaginato un calcio di inizio così movimentato da portare quasi immediatamente ad un rigore? Nel 2006, durante una partita del campionato carioca tra Madureira e Volta Redonda, proprio questo è successo. Appena 6 secondi dopo il fischio d'inizio, l'arbitro ha assegnato il rigore più veloce della storia del calcio.

Con così poco tempo trascorso, si può solo immaginare la sorpresa e la tensione nell'aria. Una situazione del genere cambia subito l'andamento del match, mettendo alla prova le squadre in un contesto totalmente inaspettato.

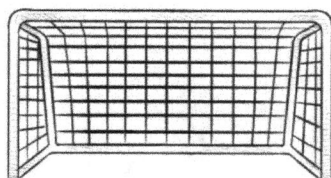

81. MAGGIOR NUMERO DI GIOCATORI ESPULSI IN UNA PARTITA DI SERIE A

Ti sei mai chiesto quale potrebbe essere la partita con il maggiore numero di espulsioni in Serie A? La risposta si trova nel lontano 1999, in un incontro tra Parma e Foggia. In quella giornata, ben 8 giocatori furono mandati negli spogliatoi prima del fischio finale: 5 per il Parma e 3 per il Foggia.

Quando pensi a una partita di calcio, immagini scambi di passaggi, gol e strategie, ma in questo caso, il campo si trasformò in un vero e proprio campo di battaglia.

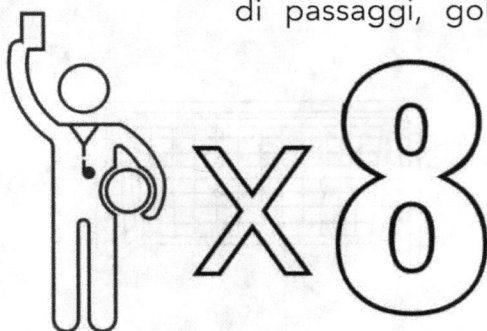

82. MAGGIOR NUMERO DI PRESENZE IN NAZIONALE

Ti sei mai chiesto quale calciatore abbia difeso più volte i colori della sua nazione? Il record va all'indomito Ahmed Hassan dell'Egitto, che ha indossato la maglia della sua nazionale in ben 184 occasioni.

Quando si parla di dedizione, passione e amore per il proprio paese, Hassan è sicuramente uno dei primi nomi che vengono in mente. Durante la sua lunga e fruttuosa carriera, ha rappresentato l'Egitto in molteplici tornei e competizioni, diventando un pilastro per la squadra e un simbolo per i tifosi.

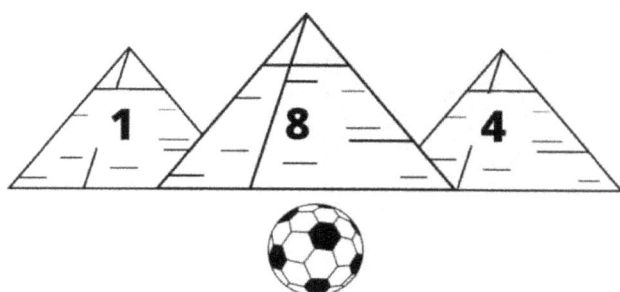

83. MAGGIOR NUMERO DI GOL IN UNA SINGOLA PARTITA DI UN TORNEO INTERNAZIONALE

Hai mai pensato a quanti gol un giocatore può segnare in una sola partita? Archie Thompson dell'Australia ha stabilito un record incredibile che ancora oggi lascia a bocca aperta. Durante la fase di qualificazione per la Coppa del Mondo FIFA 2002, Thompson ha segnato la stupefacente cifra di 13 gol in una singola partita contro la Samoa Americana.

Immagina di essere lì, assistendo a ogni tiro, ogni dribbling e ogni gol di Thompson mentre continuava a trovare la rete una volta dopo l'altra. Una performance davvero epica che ha scritto una pagina indimenticabile nella storia del calcio internazionale.

84. GIOCATORE PIÙ GIOVANE IN UNA PARTITA DI PREMIER LEAGUE

Ti sei mai chiesto chi è il giocatore più giovane ad aver mai messo piede in un campo della Premier League? Beh, Matthew Briggs ha stabilito questo eccezionale record nel 2007. Quando molti ragazzi della sua età stavano ancora decidendo cosa fare del loro futuro, Briggs era già sul prato verde, giocando per il Fulham a soli 16 anni e 65 giorni!

Era un giorno come tanti, ma per Briggs fu l'inizio di qualcosa di grande. Mentre il pubblico si aspettava una partita normale, furono testimoni di un momento storico per il calcio inglese. Il suo debutto in quella giovane età non è solo una testimonianza del suo talento, ma anche della fiducia che il suo allenatore aveva in lui.

85. MAGGIOR NUMERO DI CARTELLINI ROSSI IN SERIE A

Nella storia calcistica della Serie A, pochi possono vantare un record come quello di Paolo Montero. Mentre molti lo ricordano come un difensore tenace e spietato, ha anche guadagnato una certa notorietà per un altro motivo: i suoi cartellini rossi.

Con 16 espulsioni al suo attivo, Montero detiene il record di cartellini rossi nella Serie A. Eppure, il dato può trarre in inganno, poiché nonostante questo numero, ha rimediato solo 3 espulsioni in un singolo campionato, il che significa che la sua "fama" si è costruita nel corso degli anni.

86. PIÙ GOL IN UNA STAGIONE DI SERIE A

Sei un amante dei gol e delle gesta straordinarie in Serie A? Allora questi due nomi sono per te. Gonzalo Higuaín ha scritto la storia segnando 36 gol con il Napoli nella stagione 2015-2016, una vera macchina da gol proveniente dall'Argentina.

Ma, girando le pagine della storia, troviamo Antonio Angelillo. Questo talento italiano ha fatto tremare le reti 33 volte nel 1959, stabilendo un record per un giocatore italiano in una singola stagione.

Mentre Higuaín incantava con la sua precisione, Angelillo brillava con la sua grinta. Due epoche, due stili, ma una passione comune per il gol.

X 36

X 33

87. PIÙ GOL IN NAZIONALE

Sei un tifoso della Nazionale Italiana? Allora non puoi non conoscere il nome di Roberto Baggio. Con la sua iconica coda di cavallo e la sua tecnica sopraffina, Baggio ha incantato gli stadi di tutto il mondo.

In soli 56 incontri con la maglia azzurra, questo fuoriclasse ha segnato 27 gol, dimostrando di essere uno dei più grandi talenti che l'Italia abbia mai avuto.

Ogni volta che Baggio toccava il pallone, si respirava l'attesa di un gol o di una magia. Per molti, lui non era solo un calciatore, ma un vero e proprio artista del calcio. Quando pensi ai grandi bomber della Nazionale, il nome di Baggio brilla sempre in cima alla lista.

88. CALCIATORE PIÙ GIOVANE
IN SERIE A

Immagina di entrare in campo in una delle leghe di calcio più competitive del mondo a soli 15 anni. Questo non è un sogno, ma la realtà di Amedeo Amadei. Nel lontano 1937, questo giovane talento ha fatto il suo debutto in Serie A con la maglia della Roma.

Amadei non era solo un calciatore qualunque, ma un ragazzo con un talento eccezionale che ha impressionato non solo i tifosi della Roma, ma tutti gli appassionati di calcio d'Italia.

89. PIÙ PRESENZE IN NAZIONALE

Nel panorama del calcio mondiale, pochi nomi sono sinonimi di dedizione, talento e longevità come quello di Gianluigi Buffon. Questo eccezionale portiere, con ben 176 presenze, detiene il record per il maggior numero di apparizioni con la maglia della Nazionale Italiana.

Buffon non era solo un semplice calciatore, ma una vera e propria icona, un baluardo tra i pali che ha difeso i colori azzurri per oltre due decenni. La sua carriera in Nazionale ha attraversato generazioni, partecipando a competizioni mondiali e europee e difendendo con orgoglio la porta dell'Italia.

90. PRIMO CALCIATORE A SEGNARE 5 GOL IN UNA PARTITA DI SERIE A

Nel vasto libro della storia del calcio italiano, ci sono pochi attaccanti che hanno lasciato un segno profondo come Silvio Piola. Questo straordinario bomber ha raggiunto un traguardo stupefacente nel 1933, diventando il primo calciatore a segnare 5 gol in una singola partita di Serie A.

Piola non è solo stato un goleador, ma anche un vero e proprio innovatore in campo. La sua abilità di trovarsi nel posto giusto al momento giusto, combinata con una tecnica eccezionale, gli ha permesso di realizzare questa impresa senza precedenti.

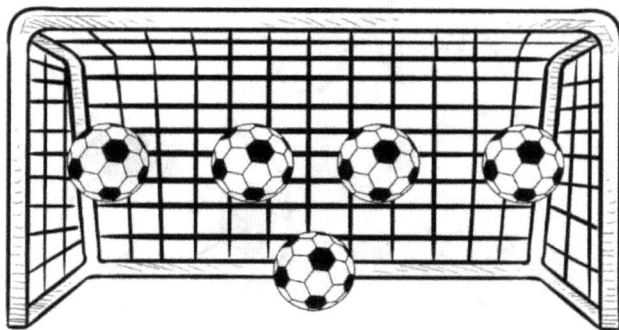

91. CALCIATORE CHE HA GIOCATO IN PIÙ SQUADRE DI SERIE A

In un paese noto per la sua passione per il calcio, Christian Vieri ha saputo guadagnarsi un posto speciale nel cuore dei tifosi italiani. Ma non solo per la sua abilità di marcatore, ma anche per la sua capacità di adattarsi e brillare in diverse squadre di Serie A.

Dal Torino all'Atalanta, passando per squadre del calibro di Juventus, Lazio, Inter, Milan e Fiorentina, Vieri ha cambiato maglia ben 7 volte nella massima serie italiana. Ogni volta, ha portato con sé lo stesso spirito combattivo e la stessa determinazione a segnare.

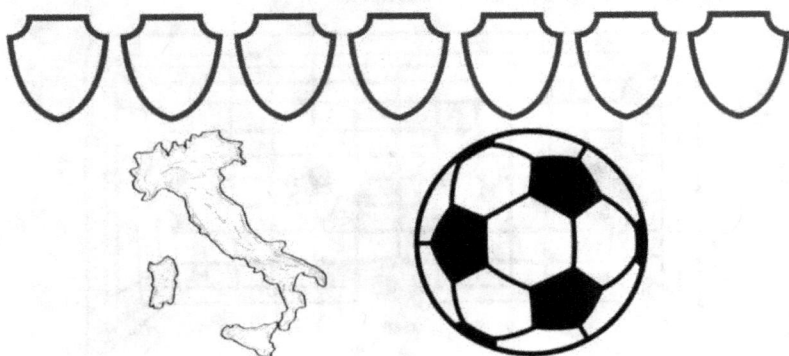

92. PIÙ AUTOGOL IN SERIE A

L'autogol è una di quelle cose che ogni calciatore spera di evitare. Ma per Riccardo Ferri, ex difensore dell'Inter, gli autogol sono diventati una parte involontaria del suo legame con il club.

Con 8 autogol vestendo la maglia dell'Inter, Ferri ha raggiunto un record non propriamente invidiabile. Eppure, ciò non dovrebbe oscurare le sue numerose prestazioni positive. Essere un difensore significa spesso trovarsi in posizione di ultimo uomo, e purtroppo, questo può portare ad alcune sfortunate deviazioni.

Ma al di là di questi momenti sfortunati, Ferri rimane una leggenda dell'Inter.

93. CALCIATORE PIÙ ANZIANO IN SERIE A

L'età è solo un numero, e Marco Ballotta ne è la prova vivente. Mentre molti calciatori si ritirano intorno ai trent'anni, Ballotta ha spazzato via ogni dubbio sull'età continuando a giocare al massimo livello della Serie A.

Nel 2008, questo portiere indomito ha calcato il campo fino all'età di 44 anni, stabilendo un record e diventando il calciatore più anziano della Serie A. Ma non si è trattato solo di longevità: Ballotta ha continuato a offrire prestazioni di alto livello, dimostrando che l'esperienza e la saggezza possono davvero fare la differenza.

94. PORTIERE CON PIÙ PORTE INVIOLATE IN UNA STAGIONE DI SERIE A

Quando si parla di portieri, pochi possono vantare le capacità e la determinazione di Gianluigi Buffon. Ma c'è un record in particolare che lo fa risaltare tra gli altri: il numero di partite in cui ha mantenuto la sua porta inviolata in una singola stagione di Serie A.

Nella stagione 2011-2012, Buffon ha mostrato al mondo intero il suo talento straordinario. Ha conseguito 21 porte inviolate, stabilendo un nuovo record nel campionato italiano.

Questo risultato non solo riflette le sue abilità personali, ma anche il lavoro di squadra della Juventus, che ha saputo difendere come un vero collettivo.

95. PRIMO HAT-TRICK IN SERIE A

Nel mondo del calcio, poche cose sono paragonabili all'euforia di segnare un gol, ma realizzare un hat-trick in una partita è qualcosa di speciale. E nel campionato italiano, il primo a raggiungere questa notevole impresa fu Giuseppe Meazza, nel 1930.

Meazza non era solo un calciatore qualsiasi; era un talento straordinario e uno dei migliori attaccanti italiani di tutti i tempi. Non è sorprendente che sia stato lui a stabilire questo precedente nella Serie A. Nel corso della sua illustre carriera, Meazza ha dato spettacolo in ogni partita, e il suo primo hat-trick in Serie A è solo uno dei tanti momenti salienti.

96. CALCIATORE CON PIÙ SCUDETTI VINTI

Nel panorama del calcio italiano, pochi possono vantare un palmarès come quello di Gianluigi Buffon. Questo leggendario portiere ha alzato l'ambito trofeo dello scudetto ben 9 volte nel corso della sua carriera, facendo di lui il calciatore con il maggior numero di titoli di Serie A al suo attivo.

Buffon ha iniziato a collezionare questi trofei nel 2001-02 e non si è fermato fino al 2017-18. Ha difeso i pali della Juventus in momenti di trionfo nelle stagioni: 2001-02, 2002-03, 2011-12, 2012-13, 2013-14, 2014-15, 2015-16, 2016-17 e 2017-18.

97. CALCIATORE CON PIÙ GOL SU RIGORE IN SERIE A

Tra le molteplici sfaccettature che fanno di un calciatore una leggenda, la freddezza e la precisione dal dischetto sono certamente tra le più apprezzate. E nel panorama del calcio italiano, nessuno ha dimostrato di avere queste qualità meglio di Roberto Baggio.

Con un totale di 76 gol su rigore in Serie A, Baggio detiene il record di reti segnate dal dischetto. Ogni volta che si avvicinava al pallone, gli avversari sapevano che avevano poche chance di vederlo sbagliare. La sua tecnica raffinata, unita a un'incredibile capacità di leggere il gioco del portiere avversario, lo ha reso una vera e propria sentenza dagli undici metri.

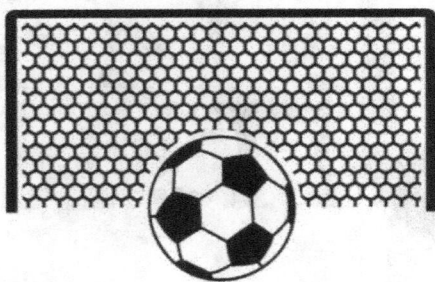

98. PRIMA TRIPLETTA IN UN MONDIALE

Mentre gli appassionati di calcio di tutto il mondo si riunivano per guardare la competizione più prestigiosa del pianeta nel 1938, un uomo fece la storia in modo indimenticabile. Stiamo parlando di Silvio Piola, che è entrato nel libro dei record segnando la prima tripletta in una partita dei Mondiali.

Affrontando una squadra brasiliana talentuosa, Piola ha mostrato la sua classe e il suo istinto di attaccante, depositando la palla nella rete per ben tre volte.

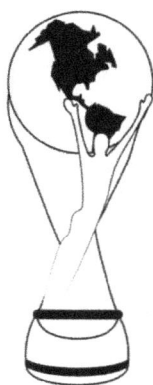

99. PIÙ GOL IN UNA STAGIONE DI COPPA ITALIA

La Coppa Italia è sempre stata una competizione carica di emozioni e di sorprese. Nella stagione 1988-89, uno dei protagonisti indiscussi fu Gianluca Vialli, indossando la maglia della Sampdoria.

In quella stagione magica, Vialli ha segnato 13 gol, diventando un autentico flagello per le difese avversarie. Ogni volta che si avvicinava alla porta, c'era l'attesa di un altro gol e raramente deludeva le aspettative.

100. PIÙ PRESENZE IN COPPA ITALIA

Quando parliamo di fedeltà e passione in Coppa Italia, un nome spicca sopra tutti: Roberto Mancini. Con 120 presenze, ha calcato i campi italiani in questa competizione come pochi altri, diventando una vera e propria icona.

Indossando le maglie del Bologna, Sampdoria e Lazio, Mancini ha sempre dato il massimo, mostrando abilità tecniche e visione di gioco ineguagliabile. Ma non è stata solo la sua classe a farlo emergere; è stata anche la sua dedizione e la sua voglia di vincere in ogni singola partita.

120

101. CALCIATORE PIÙ GIOVANE A SEGNARE IN SERIE A

Nel vasto panorama del calcio italiano, ci sono stati tanti talenti, ma pochi come Amedeo Amadei. Nel 1937, con la maglia della Roma, Amadei ha stupito tutti diventando il calciatore più giovane a segnare in Serie A: aveva solo 15 anni, 9 mesi e 13 giorni!

Mentre la maggior parte dei ragazzi della sua età si preoccupava dei compiti di scuola, Amadei calava il trucco e le piume sui campi di calcio italiani, dimostrando di avere una maturità e una capacità ben al di sopra della sua età.

CONCLUSIONE

Ecco, giovani calciatori, siamo arrivati al termine del nostro viaggio attraverso le meraviglie calcistiche! Abbiamo esplorato insieme storie di goal, parate straordinarie e squadre che hanno scritto pagine d'oro nel grande libro del calcio.

Ogni record che avete letto è un promemoria di ciò che si può raggiungere con passione, dedizione e amore per il gioco. Ma ricordate, dietro ogni grande giocatore c'è sempre un bambino che ha sognato in grande e ha creduto in sé stesso.

Forse un giorno, con impegno e determinazione, potreste essere voi a stabilire nuovi record e a diventare le nuove leggende del pallone!

Fino alla prossima avventura sul campo, continuate a giocare, a divertirvi e a sognare. E non dimenticate mai: il calcio è magia, gioia e amicizia.

www.ingramcontent.com/pod-product-compliance
Lightning Source LLC
Chambersburg PA
CBHW072240290326
41934CB00008BB/1359